Marketing para Youtubers e Influencers

Index

"Marketing para Youtubers e Influencers" é um livro completo que oferece uma visão geral sobre o mundo do marketing de influência e como ele pode ser aplicado pelos Youtubers e Influencers para construir suas marcas pessoais, criar conteúdo atraente, aumentar sua base de seguidores e gerar renda com suas redes sociais.

O livro começa introduzindo o conceito de Marketing de Influência e por que é importante para Youtubers e Influencers. Em seguida, oferece orientação sobre como construir uma marca pessoal forte, definir sua proposta de valor e criar uma imagem de marca consistente.

O livro também apresenta técnicas para criar conteúdo de sucesso no YouTube, incluindo como identificar tópicos de interesse para sua audiência, criar conteúdo atraente e otimizar seus vídeos para SEO.

Outro tópico importante abordado no livro é como negociar com marcas para obter parcerias e patrocínios rentáveis, além de orientações sobre como engajar sua comunidade, lidar com comentários negativos e gerenciar crises de reputação.

O livro também explora estratégias para monetizar o conteúdo e maximizar as oportunidades de ganhar dinheiro com as redes sociais. Por fim, oferece uma visão geral sobre a análise de dados e métricas para medir o sucesso e melhorar as estratégias de marketing, além de explorar as tendências emergentes em marketing de influência e como se preparar para o futuro do setor.

"Marketing para Youtubers e Influencers" é um guia prático e acessível que oferece aos Youtubers e Influencers as ferramentas necessárias para construir suas marcas pessoais, criar conteúdo de sucesso, aumentar sua base de seguidores e gerar renda com suas redes sociais.

Capítulo 1: Introdução ao Marketing de Influência

O que é Marketing de Influência

O marketing de influência é uma forma de marketing que se concentra em utilizar a influência de pessoas conhecidas e influentes, como youtubers e influencers, para promover produtos ou serviços. O objetivo do marketing de influência é aumentar o reconhecimento da marca, gerar confiança e, em última análise, aumentar as vendas.

Os influenciadores são pessoas que têm seguidores fiéis em suas plataformas de mídia social e podem ter um grande impacto nas decisões de compra de seus seguidores. Com o marketing de influência, as marcas trabalham com esses influenciadores para alcançar seus públicos-alvo, promover seus produtos ou serviços e criar consciência da marca.

Uma das principais vantagens do marketing de influência é a sua capacidade de alcançar públicos altamente específicos. Com a ajuda de ferramentas de análise de dados, as marcas podem identificar influenciadores que são populares entre o público-alvo que desejam atingir e, em seguida, trabalhar com esses influenciadores para criar conteúdo relevante que ressoe com esse público.

Além disso, o marketing de influência é muitas vezes visto como mais autêntico do que outras formas de publicidade. As pessoas confiam em recomendações de pessoas que consideram autênticas e confiáveis, em vez de anúncios genéricos de marcas. Ao trabalhar com influenciadores que já têm um público fiel, as marcas podem aproveitar essa confiança e autenticidade para promover seus produtos ou serviços de uma forma que pareça mais orgânica e natural.

O marketing de influência também pode ser mais rentável do que outras formas de publicidade. Embora trabalhar com influenciadores possa ser caro, os custos ainda podem ser mais baixos do que outras formas de publicidade, como anúncios em TV ou rádio. Além disso, as marcas podem se beneficiar do efeito a longo prazo das recomendações dos influenciadores, que podem continuar a gerar vendas muito depois de o conteúdo ter sido postado.

No entanto, é importante lembrar que o marketing de influência não é uma solução rápida e fácil para todos os problemas de marketing. É importante identificar o influenciador certo para o público-alvo certo e trabalhar com ele para criar conteúdo autêntico e valioso que ressoe com o público. Também é importante ser transparente sobre a natureza das parcerias e patrocínios e garantir que todas as práticas de marketing de influência estejam em conformidade com as diretrizes de publicidade.

O marketing de influência é uma forma de marketing que envolve trabalhar com pessoas influentes para promover produtos ou serviços. É uma forma eficaz de alcançar públicos altamente específicos e pode ser mais autêntico e rentável do que outras formas de publicidade. No entanto, é importante lembrar que o marketing de influência não é uma solução rápida e fácil para todos os problemas de marketing e requer uma estratégia cuidadosa para garantir o sucesso a longo prazo.

Em termos de benefícios para as empresas, o Marketing de Influência pode trazer resultados significativos, tais como: aumento da notoriedade da marca, aumento do tráfego para o site, aumento das vendas e geração de leads. O Marketing de Influência também permite às empresas uma maior segmentação do seu público-alvo, pois podem escolher influenciadores que correspondam aos interesses e características dos seus clientes potenciais. Além disso, o Marketing de Influência pode ser mais eficaz do que outros métodos de marketing, uma vez que muitos consumidores confiam nas opiniões dos influenciadores e as consideram mais autênticas e honestas do que a publicidade tradicional.

Para os influenciadores, o Marketing de Influência pode ser uma oportunidade de monetizar a sua audiência e o seu conteúdo. Os influenciadores podem receber pagamento em dinheiro, produtos ou serviços em troca da sua colaboração com uma marca. Além disso, os influenciadores podem utilizar o Marketing de Influência como uma forma de se tornarem mais conhecidos e aumentarem o seu alcance, o que pode levar a novas oportunidades de colaboração com outras marcas e a um maior sucesso no mundo do marketing digital.

Para concluir, o Marketing de Influência é uma estratégia de marketing que se baseia na colaboração entre as empresas e os influenciadores para promover produtos e serviços. Esta estratégia tem vindo a ganhar cada vez mais importância nos últimos anos, devido à crescente popularidade dos influenciadores e ao seu impacto na decisão de compra dos consumidores. No entanto, é importante que as empresas escolham os influenciadores certos para a sua marca e que os influenciadores mantenham uma relação autêntica com a sua audiência, para que o Marketing de Influência seja eficaz.

Como funciona o Marketing de Influência para Youtubers e Influencers

O Marketing de Influência é uma estratégia de marketing que tem vindo a ganhar cada vez mais importância nos últimos anos. Essa estratégia envolve a colaboração entre uma marca e um influenciador digital, como um Youtuber, com o objetivo de alcançar um público específico e promover um produto ou serviço.

Para que o Marketing de Influência seja eficaz, é importante que a marca escolha um influenciador cuja audiência se alinhe com o público-alvo da marca. Isso significa que o influenciador deve ter seguidores que tenham interesses, necessidades ou características semelhantes aos clientes potenciais da marca.

Ao colaborar com um influenciador, a marca pode aproveitar a influência que ele tem sobre seus seguidores e usar isso para promover sua marca. Isso geralmente é feito através da criação de conteúdo patrocinado, como vídeos no Youtube ou posts nas redes sociais, onde o influenciador fala sobre o produto ou serviço da marca.

Uma das principais vantagens do Marketing de Influência é a sua capacidade de atingir um público altamente segmentado. Como o influenciador já tem uma audiência leal e engajada, a mensagem da marca pode ser entregue de forma mais eficaz do que através de publicidade tradicional. Além disso, como o influenciador já construiu uma relação de confiança com seus seguidores, a promoção de produtos ou serviços pode parecer mais autêntica e menos invasiva.

No entanto, é importante que os influenciadores sejam transparentes com seus seguidores sobre o fato de que estão promovendo um produto ou serviço. Essa transparência pode ser alcançada através do uso de hashtags como #publi ou #ad nas postagens patrocinadas. É importante que os influenciadores mantenham a integridade de sua marca pessoal e evitem promover produtos ou serviços que não se alinhem com seus valores ou interesses pessoais.

Outro aspecto importante do Marketing de Influência é a medição de resultados. As marcas devem estar preparadas para investir em ferramentas de análise e monitoramento que lhes permitam avaliar o impacto de suas campanhas de influenciadores. Isso inclui monitorar o engajamento do público, o tráfego do site e as vendas geradas pela campanha.

O Marketing de Influência é uma estratégia de marketing que envolve a colaboração entre uma marca e um influenciador digital para promover um produto ou serviço. Para que a estratégia seja eficaz, é importante que a marca escolha um influenciador que tenha uma audiência alinhada com seu público-alvo e que os influenciadores sejam transparentes com seus seguidores sobre o fato de que estão promovendo um produto ou serviço. Além disso, é importante que as marcas invistam em ferramentas de análise e monitoramento para avaliar o impacto de suas campanhas de influenciadores.

Para obter sucesso no marketing de influência, é importante que os youtubers e influencers estabeleçam parcerias com marcas que estejam alinhadas com o seu conteúdo e que tenham um público semelhante ao seu. Essa parceria pode ser feita de várias formas, como:

Posts patrocinados: Nesse formato, o youtuber ou influencer publica um vídeo ou foto em que menciona ou utiliza o produto ou serviço da marca, e recebe uma remuneração em troca.

Programas de afiliados: Nesse modelo, o youtuber ou influencer promove um produto ou serviço através de um link de afiliado, e ganha uma comissão sempre que alguém realiza uma compra através do seu link.

Eventos: Os youtubers e influencers podem ser convidados para eventos ou campanhas promocionais, onde têm a oportunidade de conhecer a marca e seu público-alvo.

Parcerias de longo prazo: Algumas marcas optam por firmar parcerias de longo prazo com youtubers e influencers, onde estes se tornam embaixadores da marca e colaboram em várias campanhas ao longo do tempo.

Independentemente do formato escolhido, é importante que a parceria seja transparente e que o youtuber ou influencer deixe claro para sua audiência que se trata de uma publicação patrocinada. Isso pode ser feito de várias formas, como utilizar a hashtag #publi ou #ad no título ou descrição do vídeo, ou mencionar que o conteúdo é patrocinado durante o próprio vídeo.

É importante lembrar que a autenticidade é fundamental no marketing de influência. Os youtubers e influencers precisam manter a sua identidade e a sua voz, e só devem aceitar parcerias com marcas que sejam genuinamente relevantes para a sua audiência. Caso contrário, podem acabar perdendo a confiança e o respeito dos seus seguidores.

Outro aspecto importante a considerar é a medição de resultados. É fundamental que os youtubers e influencers acompanhem o desempenho das suas publicações patrocinadas, para garantir que estão atingindo os objetivos acordados com a marca. Para isso, podem utilizar ferramentas de análise de dados, como o Google Analytics ou o YouTube Analytics, que permitem avaliar o número de visualizações, curtidas, comentários e compartilhamentos.

Em resumo, o marketing de influência é uma estratégia cada vez mais popular entre as marcas, que buscam se conectar com os seus públicos através dos youtubers e influencers. Para os youtubers e influencers, essa pode ser uma oportunidade de monetizar o seu conteúdo e de se conectar com novas marcas e públicos. No entanto, é importante que essas parcerias sejam autênticas, transparentes e alinhadas com a identidade e os valores do influenciador.

Por que o Marketing de Influência é importante para Youtubers e Influencers

O Marketing de Influência é uma estratégia de marketing que tem crescido muito nos últimos anos, principalmente para youtubers e influencers. Mas por que essa estratégia é tão importante para eles? Neste texto, vamos explorar os motivos.

Em primeiro lugar, o Marketing de Influência permite que youtubers e influencers alcancem um público maior e mais engajado. Ao trabalhar com marcas e promover seus produtos ou serviços, esses influenciadores têm a oportunidade de expor sua marca a uma audiência mais ampla. Além disso, essa audiência é frequentemente mais engajada do que aquela encontrada em outros tipos de marketing. Isso ocorre porque os seguidores de youtubers e influencers costumam ser fãs leais e confiam em suas recomendações.

Em segundo lugar, o Marketing de Influência pode ser uma fonte importante de renda para youtubers e influencers. Ao promover produtos ou serviços em seus canais, eles podem ganhar dinheiro com patrocínios e acordos de afiliados. Essas parcerias são uma maneira eficaz de monetizar seu conteúdo e gerar receita adicional.

Além disso, trabalhar com marcas por meio do Marketing de Influência pode aumentar a credibilidade e a reputação dos youtubers e influencers. Isso ocorre porque eles estão associando sua marca a outras marcas confiáveis e respeitadas. Isso ajuda a aumentar a confiança dos seguidores em suas recomendações e aumenta sua credibilidade como influenciador.

Outro motivo pelo qual o Marketing de Influência é importante para youtubers e influencers é que ele pode ajudar a aumentar seu alcance e visibilidade. Quando um influenciador trabalha com uma marca, isso geralmente resulta em uma maior exposição em canais de mídia social e outros meios de comunicação. Isso, por sua vez, pode atrair novos seguidores e aumentar a visibilidade geral de seu canal.

O Marketing de Influência pode ajudar os youtubers e influencers a criar uma comunidade mais engajada em torno de seu conteúdo. Ao trabalhar com marcas, eles podem incentivar a participação dos seguidores por meio de sorteios, concursos e outras atividades. Isso pode ajudar a criar uma comunidade mais ativa e engajada em torno de seu canal, o que pode levar a um maior envolvimento e fidelidade dos seguidores.

O Marketing de Influência é importante para youtubers e influencers porque permite que eles alcancem um público maior e mais engajado, gerem receita adicional, aumentem sua credibilidade e reputação, aumentem seu alcance e visibilidade e criem uma comunidade mais engajada em torno de seu conteúdo. Por esses motivos, é essencial que youtubers e influencers considerem o Marketing de Influência como parte de sua estratégia de marketing geral.

Além disso, o marketing de influência permite que os youtubers e influencers sejam remunerados pelo seu trabalho de criação de conteúdo e pela sua capacidade de alcançar e influenciar o seu público. Com o aumento da demanda por influenciadores, muitas marcas estão dispostas a pagar por publicações patrocinadas e parcerias, desde que sejam relevantes para a sua audiência.

Outro aspecto importante do marketing de influência é que ele pode ajudar os youtubers e influencers a aumentar a sua visibilidade e alcance online. Ao trabalhar com marcas e outras personalidades influentes, eles podem atrair novos seguidores e expandir o seu público. Além disso, o marketing de influência pode levar a oportunidades de colaboração e crescimento na carreira, como convites para eventos e conferências, ou até mesmo propostas para lançar o seu próprio produto ou linha de produtos.

Por fim, o marketing de influência permite que os youtubers e influencers sejam reconhecidos como líderes de opinião em seus nichos e indústrias. Eles podem construir uma reputação de especialistas em seu campo e serem vistos como referências confiáveis e respeitáveis para os seus seguidores. Isso pode aumentar a sua influência e autoridade no mundo online e offline.

Em resumo, o marketing de influência é uma estratégia eficaz para youtubers e influencers que desejam construir e manter um público leal e engajado, ao mesmo tempo que geram receita e aumentam sua visibilidade e autoridade online. Ao criar conteúdo autêntico e relevante e trabalhar com marcas alinhadas com seus valores e interesses, os influenciadores podem se destacar e prosperar em um mercado altamente competitivo.

Capítulo 2: Construindo sua Marca Pessoal

Identificando a sua audiência

Identificar a audiência é um passo crucial para qualquer estratégia de marketing, incluindo para Youtubers e Influencers. Saber quem é o seu público-alvo e o que eles procuram é fundamental para criar conteúdo relevante e atraente que possa gerar um envolvimento significativo com a audiência.

Para identificar a sua audiência, é importante primeiro definir o tema ou nicho do seu canal ou perfil. Depois disso, é preciso realizar pesquisas para compreender melhor o seu público-alvo e os seus interesses. Aqui estão algumas etapas que podem ajudá-lo a identificar a sua audiência:

Defina o tema do seu canal ou perfil

Antes de começar a identificar a sua audiência, é necessário definir claramente o tema ou nicho do seu canal ou perfil. É importante que você tenha um foco claro em termos de conteúdo para garantir que a sua audiência saiba o que esperar do seu canal ou perfil.

Pesquise a sua audiência atual

Analise a sua audiência atual para obter informações valiosas sobre o seu público. Você pode usar ferramentas de análise de redes sociais para obter dados demográficos, informações sobre os seus seguidores, interesses e comportamento. Com esses dados, você pode criar um perfil do seu público atual.

Analise a concorrência

Observe os canais e perfis concorrentes e observe o tipo de conteúdo que eles estão produzindo e quem é a sua audiência. Isso pode ajudá-lo a identificar oportunidades de segmentação de nichos que a concorrência não está a aproveitar.

Crie personas do seu público-alvo

Depois de reunir informações sobre a sua audiência atual e analisar a concorrência, crie personas para o seu público-alvo. Personas são perfis detalhados do seu público, que incluem informações como idade, género, interesses, comportamento, hábitos de compra e muito mais. Esses perfis ajudam a entender melhor o que o seu público quer e precisa.

Realize pesquisas de mercado

Pesquisas de mercado são outra maneira de obter informações sobre o seu público-alvo. Você pode criar questionários e enviar aos seus seguidores, bem como aos seus clientes ou potenciais clientes, e obter informações sobre os seus interesses, preferências e opiniões.

Monitore o feedback e as métricas

Por fim, monitore o feedback e as métricas do seu canal ou perfil para obter feedback em tempo real sobre o seu conteúdo. Observe as interações dos seus seguidores e comentários nas suas publicações e use as métricas das redes sociais para analisar o desempenho das suas publicações e do seu canal ou perfil em geral.

Ao identificar a sua audiência, você pode criar conteúdo que ressoa com o seu público-alvo e desenvolver uma estratégia de marketing mais eficaz para o seu canal ou perfil. É importante lembrar que a sua audiência não é estática e está sempre a evoluir, por isso, é importante continuar a monitorar e atualizar o seu perfil do público-alvo regularmente.

Uma vez que a audiência foi identificada, é importante conhecê-la bem para poder criar conteúdo que atenda às suas necessidades e interesses. Para isso, é necessário realizar pesquisas e análises de dados para compreender o perfil demográfico, comportamento online e preferências de consumo da audiência.

Algumas formas de se realizar isso são:

Pesquisas de mercado: É possível realizar pesquisas de mercado para obter informações sobre o público-alvo, incluindo idade, género, localização, interesses e hábitos de consumo. Isso pode ser feito através de questionários online, entrevistas ou grupos focais.

Análise de dados: As plataformas de redes sociais e o Google Analytics fornecem informações sobre o comportamento do público-alvo, como o tempo que eles passam em cada plataforma, as páginas que visitam com mais frequência e as palavras-chave que usam para encontrar conteúdo. Isso pode ajudar a entender melhor as necessidades e interesses da audiência.

Monitorização das redes sociais: Observar e analisar as interações dos seguidores com o conteúdo pode fornecer informações valiosas sobre o que eles gostam, o que comentam e partilham, e como respondem a diferentes tipos de conteúdo. Isso pode ajudar a ajustar o conteúdo para atender às necessidades da audiência.

Feedback direto: Estabelecer um canal de comunicação aberto com a audiência, seja através de comentários nas redes sociais, email ou outras formas de comunicação, pode fornecer feedback direto sobre o que a audiência gosta e não gosta, e o que ela gostaria de ver mais ou menos.

Ao compreender melhor a audiência, é possível criar conteúdo mais atraente e relevante, aumentar o engajamento e a fidelidade do público, e construir uma comunidade forte em torno do canal ou perfil do influenciador.

Definindo a sua proposta de valor

Definir a sua proposta de valor é um passo importante no marketing para youtubers e influencers. Sua proposta de valor é a maneira pela qual você se diferencia de outros criadores de conteúdo, mostrando aos seus seguidores o que torna o seu canal ou perfil único e valioso.

Uma proposta de valor eficaz é composta por três elementos principais: a oferta de valor, o público-alvo e a diferenciação. Vamos explorar cada um desses elementos com mais detalhes.

A oferta de valor refere-se ao que você está oferecendo aos seus seguidores. Isso pode incluir o conteúdo que você cria, o tom da sua mensagem ou o tipo de interação que você tem com seus seguidores. A oferta de valor deve resolver um problema específico ou atender a uma necessidade da sua audiência.

O público-alvo é a pessoa para quem você está criando seu conteúdo. É importante entender as características demográficas e comportamentais do seu público-alvo, incluindo idade, interesses, localização e problemas que eles enfrentam. Quanto melhor você conhecer sua audiência, mais eficaz será sua proposta de valor.

A diferenciação é a maneira pela qual você se destaca de outros youtubers e influencers que abordam o mesmo público-alvo que você. A diferenciação pode ser baseada em qualquer coisa, desde a personalidade única do seu canal ou perfil até a qualidade superior do seu conteúdo.

Para definir sua proposta de valor, comece por responder a estas perguntas:

O que é que eu ofereço aos meus seguidores?

Quem é a minha audiência? Que problemas enfrentam?

Como é que o meu conteúdo é diferente do conteúdo de outros criadores de conteúdo?

Ao responder a essas perguntas, você terá uma ideia mais clara do que torna o seu canal ou perfil único e valioso. Com essa informação, você pode criar uma proposta de valor clara e atraente para seus seguidores.

É importante lembrar que sua proposta de valor não é algo fixo e imutável. À medida que você cresce e evolui como criador de conteúdo, sua proposta de valor também pode mudar. Mantenha-se aberto a ajustar sua proposta de valor à medida que sua audiência cresce e suas necessidades mudam.

Além disso, é importante comunicar sua proposta de valor claramente em todo o seu conteúdo e interação com seus seguidores. Certifique-se de que seus seguidores entendam o que você tem a oferecer e como você se diferencia de outros criadores de conteúdo. Isso ajudará a fortalecer seu relacionamento com seus seguidores e aumentar sua base de fãs.

Em resumo, definir sua proposta de valor é um passo importante para youtubers e influencers que desejam destacar-se no mercado competitivo de criação de conteúdo. Ao compreender sua oferta de valor, público-alvo e diferenciação, você pode criar uma proposta de valor clara e atraente que se conecta com seus seguidores e os incentiva a continuar acompanhando o seu conteúdo.

Depois de definir sua proposta de valor, é hora de comunicá-la de forma clara e convincente para sua audiência. Isso pode ser feito através de diferentes canais, como sua página inicial, descrição de canal, vídeos, posts em mídias sociais e outros materiais de marketing.

É importante lembrar que a comunicação de sua proposta de valor deve ser consistente em todos os canais em que você está presente. Isso ajuda a criar uma imagem de marca forte e coesa, que é fundamental para o sucesso no marketing de influência.

Ao criar sua mensagem de proposta de valor, é importante pensar no que a torna única em relação a outros youtubers ou influenciadores em seu nicho. O que você oferece que os outros não oferecem? Quais são suas habilidades, experiências e valores que fazem você se destacar?

Também é importante pensar em como sua proposta de valor pode beneficiar sua audiência. Que problema você está resolvendo ou que necessidade está atendendo para seus seguidores? Como você pode ajudá-los a alcançar seus objetivos ou melhorar suas vidas?

Uma vez que você tenha uma mensagem clara e convincente de sua proposta de valor, você pode começar a incorporá-la em seus materiais de marketing. Certifique-se de que sua mensagem seja clara e fácil de entender, e use palavras e imagens que ressoem com sua audiência.

Além disso, é importante atualizar regularmente sua mensagem de proposta de valor à medida que sua carreira evolui e seu público cresce e muda. Esteja aberto a feedback e ajustes de sua mensagem para garantir que ela permaneça relevante e atraente para sua audiência.

Lembre-se de que a comunicação de sua proposta de valor é apenas um aspecto do marketing de influência. É importante também fornecer conteúdo de alta qualidade e envolvente para sua audiência, construir relacionamentos com marcas e outros influenciadores em seu nicho, e continuar a crescer e se adaptar em uma paisagem em constante mudança do marketing digital.

Criando uma imagem de marca consistente

Criar uma imagem de marca consistente é fundamental para o sucesso de um youtuber ou influenciador. A imagem de marca é a percepção que o público tem do criador de conteúdo e é importante garantir que essa percepção seja positiva e consistente. Isso ajuda a construir uma base de fãs fiéis e atraentes para marcas que procuram colaborar com influenciadores.

A primeira etapa na criação de uma imagem de marca consistente é definir a identidade da marca. Isso inclui escolher uma paleta de cores, uma tipografia e um logotipo que reflita a personalidade do youtuber ou influenciador. É importante que esses elementos sejam utilizados em todas as plataformas em que o criador de conteúdo está presente, incluindo redes sociais, website e vídeos do YouTube.

Além disso, a mensagem que o youtuber ou influenciador está tentando transmitir deve ser clara e coerente em todas as plataformas. Isso inclui o tipo de conteúdo que é criado, o tom de voz usado em vídeos e postagens nas redes sociais, e até mesmo a forma como o youtuber ou influenciador interage com seu público. Essa consistência ajuda a criar uma conexão emocional com o público e a construir uma base de fãs fiéis.

Outro elemento importante na criação de uma imagem de marca consistente é a escolha de um nicho ou área de especialização. Isso ajuda a estabelecer o youtuber ou influenciador como uma autoridade em um assunto específico e atraindo um público que esteja interessado nesse tópico. Por exemplo, um youtuber que é apaixonado por culinária pode se especializar em receitas veganas e atrair um público específico que compartilha desse interesse.

É importante lembrar que a imagem de marca é mais do que apenas elementos visuais e mensagens consistentes. A forma como o youtuber ou influenciador interage com seu público, como responde a comentários e mensagens, e a forma como se comporta fora da câmara também são elementos importantes na construção de uma imagem de marca positiva e consistente.

Criar uma imagem de marca consistente é fundamental para o sucesso de um youtuber ou influenciador. Isso inclui definir a identidade da marca, ter uma mensagem clara e coerente, escolher um nicho ou área de especialização e, acima de tudo, interagir com o público de uma forma que seja autêntica e consistente com a imagem da marca. Com uma imagem de marca forte e consistente, um youtuber ou influenciador pode construir uma base de fãs leais e atraentes para marcas que buscam colaborações com influenciadores.

Para manter uma imagem de marca consistente, é importante escolher cuidadosamente as cores, fontes e elementos visuais que serão usados em seus canais e plataformas de mídia social. Esses elementos devem ser consistentes em toda a sua presença online e offline.

Além disso, é importante manter um tom de voz consistente em todas as suas comunicações. Se você costuma ser engraçado e descontraído em seus vídeos, mas formal e profissional em suas postagens de mídia social, isso pode causar confusão na sua audiência. Defina o tom de voz que deseja usar e certifique-se de que ele se mantenha consistente em todas as suas comunicações.

Outro aspecto importante é o conteúdo que você cria. Certifique-se de que seus vídeos e postagens de mídia social estejam alinhados com sua imagem de marca e sua proposta de valor. Isso ajuda a reforçar a mensagem que você está tentando transmitir e a manter uma imagem de marca forte e consistente.

Também é importante monitorar o que as pessoas estão dizendo sobre você e sua marca nas mídias sociais e em outros canais. Se você encontrar comentários negativos ou críticas construtivas, leve-os em consideração e faça as mudanças necessárias para melhorar sua imagem de marca e o valor que está oferecendo à sua audiência.

Por fim, lembre-se de que a construção de uma imagem de marca consistente é um processo contínuo. À medida que sua marca cresce e evolui, sua imagem de marca também deve evoluir para acompanhar. Esteja aberto a feedback e mudanças e esteja disposto a ajustar sua estratégia de branding, se necessário, para manter uma imagem de marca forte e consistente.

Em resumo, criar uma imagem de marca consistente é fundamental para o sucesso de qualquer youtuber ou influencer. Ao definir sua proposta de valor, identificar sua audiência, escolher seus elementos visuais cuidadosamente, manter um tom de voz consistente e criar conteúdo alinhado com sua imagem de marca, você pode construir uma forte presença online e uma audiência fiel. E ao monitorar sua imagem de marca e estar aberto a feedback e mudanças, você pode continuar a evoluir e crescer como um youtuber ou influencer de sucesso.

Capítulo 3: Conteúdo de Sucesso no YouTube

Identificando tópicos de interesse para sua audiência

Identificar tópicos de interesse para a sua audiência é uma das partes mais importantes do marketing para youtubers e influencers. Sem entender o que o seu público está interessado, é difícil criar conteúdo que irá atrair e manter a atenção deles. Neste artigo, iremos explorar algumas estratégias para identificar tópicos relevantes para a sua audiência.

Análise de dados do canal

Uma das maneiras mais eficazes de entender o que sua audiência está interessada é analisar os dados do seu canal do YouTube ou outras plataformas de mídia social em que você esteja ativo. Os dados podem fornecer informações sobre o tipo de conteúdo que recebe mais visualizações, comentários, curtidas e compartilhamentos. Eles também podem ajudar a entender a demografia da sua audiência, incluindo idade, gênero, localização geográfica e interesses.

Ao analisar esses dados, você pode identificar os tópicos de conteúdo que ressoam mais com sua audiência e criar mais conteúdo nessa direção. Além disso, ao entender melhor quem é a sua audiência, você pode criar conteúdo que fale diretamente com eles.

Pesquisa de palavras-chave

Outra estratégia para identificar tópicos de interesse para sua audiência é realizar pesquisas de palavras-chave relevantes para o seu nicho. As ferramentas de pesquisa de palavras-chave, como o Google Keyword Planner, podem fornecer informações sobre as palavras e frases que as pessoas estão usando para procurar conteúdo relacionado ao seu nicho.

Ao entender as palavras-chave que sua audiência está usando, você pode criar conteúdo otimizado para SEO que irá atrair tráfego orgânico para o seu canal ou perfil social. Além disso, a pesquisa de palavras-chave pode ajudar a identificar tendências de conteúdo relevantes e emergentes que você pode capitalizar.

Engajamento com a sua audiência

O engajamento com a sua audiência é uma das melhores maneiras de entender o que eles estão interessados. É importante estar presente nos comentários do seu canal ou perfil social e responder às perguntas dos seus seguidores. Além disso, você pode realizar pesquisas nas redes sociais para entender melhor as necessidades e interesses da sua audiência.

Ao se envolver ativamente com sua audiência, você pode identificar os tópicos que mais interessam a eles e criar conteúdo que atenda às suas necessidades e desejos.

Acompanhamento de influenciadores e líderes de pensamento

Os influenciadores e líderes de pensamento em seu nicho podem fornecer insights valiosos sobre os tópicos que sua audiência está interessada. Acompanhar seus canais de mídia social e observar o tipo de conteúdo que eles estão produzindo pode ajudar a identificar tendências de conteúdo relevantes.

Além disso, você pode monitorar as conversas que estão acontecendo em torno desses influenciadores para entender melhor o que sua audiência está discutindo e interessada.

Ao estar ciente das conversas que estão acontecendo no seu nicho, você pode criar conteúdo que seja relevante e oportuno.

Identificar tópicos de interesse para sua audiência é crucial para o sucesso do marketing para youtubers e influencers.

Para identificar tópicos de interesse para a sua audiência, é importante que os Youtubers e Influencers estejam sempre atentos aos comentários e feedbacks dos seus seguidores. Isso pode ser feito através das redes sociais, incluindo o próprio YouTube, bem como através de pesquisas de mercado e análise de dados.

Além disso, é importante estar atualizado em relação aos assuntos do momento, bem como as tendências do seu nicho de atuação. Isso pode ser feito através da leitura de notícias e blogs especializados, participação em fóruns e grupos de discussão, e seguindo outros criadores de conteúdo do mesmo nicho.

Outra estratégia eficaz é o uso de ferramentas de análise de palavras-chave, que permitem descobrir os termos e frases mais procurados pelos usuários em relação a um determinado tópico. Dessa forma, os Youtubers e Influencers podem criar conteúdos que atendam às necessidades e interesses da sua audiência.

No entanto, é importante lembrar que a criação de conteúdo não deve se basear apenas em modismos ou tendências momentâneas, mas sim na criação de um conteúdo autêntico e de qualidade que atenda às necessidades e interesses da sua audiência de forma consistente.

Por isso, é importante que os Youtubers e Influencers façam uma análise cuidadosa das necessidades e interesses do seu público, levando em conta fatores como idade, gênero, localização geográfica, preferências e hábitos de consumo. Dessa forma, eles podem criar conteúdo que ressoe com a sua audiência e ajude a construir uma base sólida de seguidores leais e engajados.

Por fim, é importante lembrar que o processo de identificação de tópicos de interesse para a audiência é contínuo e deve ser sempre adaptado às mudanças no mercado e nos interesses dos usuários. Por isso, os Youtubers e Influencers devem estar sempre atentos e abertos a feedbacks e sugestões dos seus seguidores, e dispostos a mudar e evoluir de acordo com as necessidades do seu público.

Criando conteúdo atraente e de alta qualidade

Criar conteúdo de qualidade é essencial para qualquer Youtuber ou influenciador que queira crescer na plataforma. Com a crescente concorrência e o aumento da quantidade de criadores de conteúdo, é necessário se destacar com materiais que sejam atraentes e relevantes para o público-alvo.

Um conteúdo atraente pode ser definido como algo que prende a atenção do espectador ou do seguidor. Para que isso aconteça, é preciso que o conteúdo seja original, tenha uma abordagem diferente ou uma perspectiva única sobre um tema. Além disso, é importante que seja produzido com qualidade, tanto na edição quanto na captura de imagem e som.

Abaixo, apresentamos algumas dicas para ajudar a criar conteúdo atraente e de alta qualidade:

Conheça a sua audiência: É fundamental entender quem é o público-alvo do seu canal ou perfil. Saber suas preferências, necessidades e interesses permite criar conteúdos que sejam relevantes e atrativos para essa audiência.

Planeje seus conteúdos: Antes de começar a gravar, faça um planejamento das ideias e tópicos que pretende abordar. Isso ajuda a evitar repetições e garante que você está oferecendo um conteúdo consistente e completo.

Invista em equipamentos: Ter equipamentos de qualidade, como câmaras, microfones e iluminação, é essencial para produzir conteúdo de alta qualidade. Procure investir em equipamentos adequados para o tipo de conteúdo que você produz.

Trabalhe na edição: A edição é uma parte importante da produção de conteúdo, pois é ela que dá ritmo e coesão ao material. Invista tempo na edição para garantir que o conteúdo final esteja de acordo com as expectativas do seu público.

Seja criativo: Não tenha medo de experimentar e de se diferenciar dos outros criadores de conteúdo. Procure oferecer um ponto de vista único sobre um tema ou explore formatos diferentes para seus vídeos ou publicações.

Seja consistente: É importante manter uma frequência regular de publicações para manter o engajamento com a audiência. Seja consistente nas postagens e procure oferecer conteúdos de qualidade sempre que possível.

Em resumo, a criação de conteúdo atraente e de alta qualidade é uma parte fundamental do marketing para Youtubers e influenciadores. É preciso estar atento às necessidades da audiência e investir em equipamentos adequados e na edição do material para garantir que o conteúdo final seja de qualidade. Além disso, é importante ser criativo e consistente nas publicações para manter o interesse do público-alvo.

Além disso, é importante que o conteúdo seja autêntico e reflita a personalidade e os valores do influencer. Os seguidores são atraídos por autenticidade e transparência, e conteúdos superficiais ou falsos podem afastar a audiência.

Outro aspecto a considerar é a consistência na publicação de conteúdo. É importante manter uma programação regular de postagens para manter o interesse e o engajamento da audiência. Os influenciadores devem avaliar sua capacidade de produzir conteúdo de alta qualidade e definir uma frequência de postagem realista.

Finalmente, é fundamental acompanhar as tendências e o feedback da audiência para ajustar e melhorar continuamente o conteúdo produzido. As plataformas de mídia social oferecem uma variedade de ferramentas de análise que podem ajudar os influenciadores a entender melhor o comportamento de sua audiência e a identificar quais tipos de conteúdo são mais populares.

Em resumo, a criação de conteúdo atraente e de alta qualidade é fundamental para o sucesso dos influenciadores nas plataformas de mídia social. Os influenciadores devem levar em consideração sua audiência, definir sua proposta de valor e criar conteúdo autêntico e consistente que reflita sua personalidade e valores. Além disso, eles devem avaliar sua capacidade de produzir conteúdo regularmente e usar ferramentas de análise para melhorar continuamente seu conteúdo e aumentar seu engajamento com a audiência.

Otimizando os seus vídeos para SEO

A otimização de vídeos para SEO (Search Engine Optimization) é um passo fundamental para o sucesso de um canal de YouTube ou de um perfil de influenciador. Isso ocorre porque, com um bom SEO, os vídeos têm mais chances de aparecer nos resultados de pesquisa dos mecanismos de busca, como o Google, e assim, atrair mais visualizações e aumentar a visibilidade da marca.

Para começar a otimização dos seus vídeos, é necessário pensar em palavras-chave relevantes para o seu conteúdo. As palavras-chave são os termos que as pessoas usam para encontrar o que estão procurando na internet, e devem ser escolhidas com base nos temas abordados nos seus vídeos. Use ferramentas de pesquisa de palavras-chave para identificar as que são mais populares e relevantes para o seu nicho.

Depois de identificar as palavras-chave, é hora de usá-las no título do vídeo e na descrição. O título deve ser claro e conciso, e conter a palavra-chave principal logo no início. Já a descrição deve ser mais detalhada, incluindo as palavras-chave relacionadas ao tema e uma breve sinopse do conteúdo abordado. Também é importante incluir links relevantes e tags que ajudem na identificação do conteúdo.

Além do título e da descrição, as tags também são uma parte fundamental da otimização para SEO. Elas ajudam a identificar os temas do vídeo e a classificá-lo para os resultados de pesquisa. Use palavras-chave relacionadas ao tema do vídeo e variações delas, incluindo erros comuns de ortografia. Isso pode ajudar a capturar uma parcela maior de pesquisas com erros ortográficos e ainda classificar o vídeo corretamente.

A otimização de miniaturas de vídeo também é importante para chamar a atenção dos usuários e aumentar as chances de cliques. As miniaturas devem ser relevantes para o conteúdo do vídeo e incluir elementos visuais atraentes. As miniaturas personalizadas tendem a ter mais cliques do que as miniaturas automáticas geradas pelo YouTube.

Outro fator que pode ajudar na otimização dos vídeos é o tempo de exibição. Quanto mais tempo um usuário passar assistindo ao seu vídeo, maior será o engajamento e, consequentemente, a relevância do seu conteúdo. Por isso, é importante produzir vídeos com conteúdo relevante e de qualidade, que prendam a atenção do espectador e mantenham o interesse ao longo do tempo.

Não se esqueça de promover o seu conteúdo nas redes sociais e em outros canais relevantes para o seu nicho. Quanto mais compartilhamentos e visualizações um vídeo tiver, maior será a relevância do seu conteúdo para os mecanismos de busca.

A otimização de vídeos para SEO é uma parte crucial do sucesso no YouTube e em outras plataformas de vídeo. Ao escolher palavras-chave relevantes, usar tags apropriadas e produzir conteúdo de qualidade, é possível aumentar a visibilidade do seu canal ou perfil de influenciador e atrair um público cada vez maior.

Outra técnica importante é a escolha das palavras-chave corretas. As palavras-chave são os termos que as pessoas usam para pesquisar conteúdo no YouTube. Ao incluir palavras-chave relevantes no título, descrição e tags do seu vídeo, você aumenta suas chances de ser encontrado por quem está procurando por conteúdo relacionado ao seu tema.

Para encontrar as palavras-chave corretas, você pode usar ferramentas de pesquisa de palavras-chave, como o Google AdWords Keyword Planner ou o TubeBuddy. Essas ferramentas fornecem uma lista de palavras-chave relevantes com base no seu tópico e mostram a frequência com que as pessoas as pesquisam. Você também pode procurar vídeos populares relacionados ao seu tema e ver quais palavras-chave eles usaram em seus títulos e descrições.

Outra técnica importante para otimização de vídeos é a utilização de miniaturas atraentes. A miniatura é a imagem que aparece junto com o título do vídeo na página de resultados de pesquisa do YouTube e também é exibida nas sugestões de vídeos relacionados. Uma miniatura atraente pode atrair a atenção do espectador e aumentar as chances de alguém clicar e assistir ao seu vídeo.

Além disso, é importante ter em mente a duração do vídeo. Embora não haja uma regra geral para a duração ideal do vídeo, muitos especialistas em marketing recomendam manter os vídeos entre 3 e 5 minutos, pois isso corresponde à atenção média de um espectador. No entanto, se o seu conteúdo exigir mais tempo, não tenha medo de estender a duração do vídeo. O importante é manter o espectador interessado durante todo o tempo, criando um conteúdo de alta qualidade e atraente.

Em resumo, otimizar seus vídeos para SEO pode aumentar significativamente suas chances de ser encontrado pelo seu público-alvo. Ao seguir as técnicas acima, você pode criar vídeos mais relevantes e atraentes, aumentando sua visibilidade no YouTube e, por sua vez, melhorando seu marketing pessoal como Youtuber ou Influencer. Lembre-se sempre de que o conteúdo de qualidade é a chave para o sucesso em qualquer plataforma de mídia social.

Capítulo 4:

Negociação com

Marcas

Identificando marcas que se alinham com a sua imagem e valores

Na era do marketing de influência, muitos Youtubers e Influencers buscam trabalhar com marcas que estejam alinhadas com seus valores e imagem. Trabalhar com marcas que se alinham com o seu conteúdo e personalidade pode trazer benefícios para ambos os lados, mas identificar essas marcas pode ser um desafio. Neste artigo, discutiremos algumas estratégias que os Youtubers e Influencers podem utilizar para identificar marcas que se alinhem com a sua imagem e valores.

Analise a sua audiência Antes de começar a procurar marcas para trabalhar, é importante entender o seu público e o que eles valorizam. O seu público é o que impulsiona o seu sucesso, por isso é importante saber o que eles esperam de si. Que tipo de produtos ou serviços eles estão interessados? O que os motiva a seguir o seu canal ou perfil? Ao entender o seu público, você poderá identificar marcas que oferecem produtos ou serviços que seus seguidores desejam ou precisam.

Identifique os seus valores e interesses. É importante ter uma ideia clara dos seus valores e interesses, pois isso ajudará você a identificar marcas que se alinham com a sua imagem. Por exemplo, se você se preocupa com a sustentabilidade e o meio ambiente, pode querer trabalhar com marcas que compartilhem esses valores. Se você é apaixonado por fitness, pode querer trabalhar com marcas que oferecem produtos ou serviços relacionados a esse tema.

Pesquise marcas em seu nicho uma boa maneira de encontrar marcas que se alinham com a sua imagem e valores é pesquisar outras marcas que estão no seu nicho. Quais marcas os seus concorrentes trabalham? Quais são as marcas populares no seu nicho? Essas marcas podem estar interessadas em trabalhar com você, pois já possuem um interesse em comum.

Use plataformas de marketing de influência existem várias plataformas de marketing de influência que podem ajudá-lo a encontrar marcas que se alinhem com a sua imagem e valores. Essas plataformas conectam Influencers com marcas em todo o mundo. Algumas dessas plataformas incluem: BrandSnob, Influencer.co, HopperHQ, Klear e muitas outras. É importante notar que algumas dessas plataformas cobram uma taxa para usar seus serviços, portanto, verifique os termos antes de se inscrever.

Entre em contato com as marcas diretamente se você já sabe quais marcas deseja trabalhar, pode entrar em contato diretamente com elas. Certifique-se de que sua mensagem seja profissional e personalizada. Explique por que você acredita que a sua imagem e valores se alinham com os da marca e como você pode ajudar a promovê-la. Esteja preparado para fornecer estatísticas sobre o seu público e envolvimento, bem como exemplos de campanhas anteriores bem-sucedidas.

Esteja aberto a novas oportunidades. Embora seja importante procurar marcas que se alinhem com a sua imagem e valores, também é importante estar aberto a novas oportunidades. Trabalhar com marcas fora do seu nicho pode levar a novos seguidores e oportunidades de crescimento. É importante manter a mente aberta e avaliar cada oportunidade individualmente para determinar se ela se encaixa na sua imagem e valores, mesmo que seja diferente do que você está acostumado.

Avalie as campanhas anteriores das marcas Antes de trabalhar com uma marca, é importante verificar suas campanhas anteriores e avaliar se elas se alinham com a sua imagem e valores. Verifique se as campanhas anteriores foram bem-sucedidas e se a marca trabalha com outros influenciadores em seu nicho. Isso ajudará a garantir que a colaboração seja benéfica para ambos os lados e que você não esteja promovendo algo que não esteja de acordo com a sua imagem ou valores.

Verifique a reputação da marca Além de avaliar as campanhas anteriores da marca, é importante verificar a reputação da marca. Verifique as avaliações da empresa em sites de avaliação e mídias sociais para garantir que a marca tenha uma boa reputação e seja confiável. Trabalhar com marcas com má reputação pode prejudicar a sua imagem e confiança dos seus seguidores em você.

Tenha em mente seus objetivos a longo prazo. Ao escolher marcas para trabalhar, é importante ter em mente seus objetivos a longo prazo. O que você espera alcançar a longo prazo trabalhando com essas marcas? Elas podem ajudar a aumentar sua visibilidade e crescimento, ou você está procurando colaborações mais significativas e duradouras? Considere seus objetivos a longo prazo para garantir que as marcas escolhidas possam ajudar a alcançá-los.

Identificar marcas que se alinham com a sua imagem e valores pode ser um processo desafiador, mas é importante para o sucesso e autenticidade no marketing de influência. Analisar a audiência, identificar valores e interesses, pesquisar marcas no nicho, usar plataformas de marketing de influência, entrar em contato diretamente com as marcas, avaliar as campanhas anteriores das marcas, verificar a reputação e ter em mente objetivos a longo prazo são estratégias úteis que os Youtubers e Influencers podem usar para identificar marcas que se alinham com a sua imagem e valores.

Outra estratégia importante para identificar marcas que se alinham com a sua imagem e valores é observar as redes sociais. Muitas vezes, as marcas que você segue e que você gosta podem seguir de volta e interagir com você. Além disso, você pode ver as marcas que seus seguidores seguem e quais delas têm interações positivas.

Ao trabalhar com marcas, é importante que você seja transparente e autêntico com o seu público. Os seguidores esperam que você promova apenas marcas que se alinham com a sua imagem e valores, caso contrário, eles podem perder a confiança em você. Portanto, é importante que você selecione marcas com cuidado e que apenas trabalhe com aquelas que você acredita que oferecem um valor real para seus seguidores.

Além disso, quando você trabalha com uma marca, certifique-se de que a campanha seja autêntica e relevante para o seu público. Não promova um produto ou serviço que não esteja relacionado ao seu nicho ou que você não tenha experiência pessoal. A autenticidade é a chave para manter seus seguidores engajados e confiantes em você.

Por fim, lembre-se de que o marketing de influência é uma indústria em constante evolução. As marcas e os Influencers estão sempre buscando maneiras de se destacar e inovar. Portanto, é importante estar aberto a novas oportunidades e estar disposto a experimentar coisas novas. As marcas que se alinham com a sua imagem e valores agora podem não ser as mesmas que se alinham no futuro.

Em resumo, identificar marcas que se alinham com a sua imagem e valores é fundamental para o sucesso do marketing de influência. Ao analisar a sua audiência, identificar seus valores e interesses, pesquisar marcas em seu nicho, usar plataformas de marketing de influência, contatar marcas diretamente e estar aberto a novas oportunidades, os Youtubers e Influencers podem encontrar as melhores marcas para trabalhar e estabelecer parcerias duradouras e autênticas.

Como abordar marcas para parcerias e patrocínios

Para muitos Youtubers e Influencers, a colaboração com marcas pode ser uma fonte importante de renda e também pode ajudar a expandir o seu público e aumentar a sua credibilidade. No entanto, abordar marcas para parcerias e patrocínios pode ser um processo desafiador. Neste artigo, vamos discutir algumas estratégias para abordar marcas de forma eficaz e aumentar as chances de sucesso.

Pesquise as marcas Antes de abordar uma marca, é importante fazer uma pesquisa aprofundada sobre ela. Você deve entender a missão da marca, valores, público-alvo, produtos e serviços oferecidos, bem como a sua presença nas redes sociais. Além disso, é importante verificar se a marca já trabalhou com Influencers no passado e se tem um programa de parceria estabelecido.

Crie um kit de mídia um kit de mídia é uma apresentação que descreve quem você é, o seu conteúdo, o seu público e as suas realizações. Este documento pode ser enviado para as marcas para ajudá-las a entender o seu valor como Influencer. Um kit de mídia deve incluir uma breve biografia, uma descrição do seu canal ou perfil, estatísticas sobre o seu público, exemplos de conteúdo, experiência de trabalho anterior com outras marcas e qualquer outra informação relevante.

Entre em contato com a marca de forma profissional quando se trata de abordar marcas, é importante ser profissional e respeitoso. Certifique-se de que a sua mensagem seja personalizada e que explique por que você deseja trabalhar com aquela marca específica. Além disso, é importante fornecer exemplos específicos de como você pode ajudar a marca a alcançar os seus objetivos. Por exemplo, você pode explicar como o seu conteúdo é relevante para o público-alvo da marca e como você pode aumentar a sua presença nas redes sociais.

Seja claro sobre as suas expectativas. Quando estiver abordando uma marca para parcerias ou patrocínios, é importante ser claro sobre as suas expectativas. Por exemplo, você pode explicar quais são os seus termos de pagamento, quantas postagens você fará, qual será o tempo de duração da campanha, quais são as suas exigências para o conteúdo e qualquer outra informação relevante. Certifique-se de que as suas expectativas estejam alinhadas com as da marca.

Esteja aberto a negociações. Embora seja importante ser claro sobre as suas expectativas, também é importante estar aberto a negociações. As marcas podem ter ideias diferentes sobre a campanha, e é importante estar aberto a compromissos que atendam às necessidades de ambas as partes. Certifique-se de que as suas expectativas iniciais sejam realistas e que você esteja aberto a ouvir a opinião da marca.

Acompanhe e analise os resultados Depois de fechar uma parceria ou patrocínio com uma marca, é importante acompanhar e analisar os resultados da campanha. Certifique-se de que está cumprindo com todas as suas obrigações e que está produzindo conteúdo de qualidade para a marca. Além disso, é importante analisar as métricas, como o envolvimento e as visualizações, para entender o impacto da campanha.

Abordar marcas para parcerias e patrocínios pode ser um processo desafiador, mas seguindo essas estratégias, você pode aumentar as suas chances de sucesso. É importante lembrar que abordar marcas não significa apenas buscar uma fonte de renda, mas também estabelecer relacionamentos duradouros com marcas relevantes para o seu público. Ao fazer isso, você pode ajudar a aumentar a sua credibilidade e expandir o seu alcance.

Além disso, lembre-se de que a transparência e a honestidade são fundamentais em todas as etapas do processo. Certifique-se de que está sendo claro sobre as suas expectativas e compromissos, e que está trabalhando de forma ética e profissional com as marcas. Ao fazer isso, você pode estabelecer uma relação de confiança com as marcas e aumentar as chances de colaborações futuras.

Lembre-se de que o sucesso em abordar marcas para parcerias e patrocínios leva tempo e esforço. Se uma marca não estiver interessada em trabalhar com você, não desanime. Continue criando conteúdo de qualidade e desenvolvendo a sua presença nas redes sociais. Com o tempo, você pode aumentar a sua credibilidade e se tornar uma referência em seu nicho, o que pode ajudar a atrair a atenção de marcas relevantes.

Capítulo 5:
Engajando sua
Comunidade

Como interagir com seus seguidores e criar um relacionamento de confiança

Para Youtubers e Influencers, interagir com os seguidores é uma parte essencial para manter um público engajado e construir um relacionamento de confiança. Neste artigo, vamos discutir algumas estratégias eficazes para interagir com os seguidores e criar um relacionamento duradouro.

Responda aos comentários e mensagens: Responder aos comentários e mensagens dos seguidores é uma das formas mais básicas, mas eficazes, de interagir com o público. Responder a perguntas e fornecer feedback pode mostrar aos seguidores que você valoriza a sua opinião e que se preocupa em se conectar com eles.

Realize sorteios e concursos: Realizar sorteios e concursos pode incentivar a participação dos seguidores e aumentar o envolvimento com o seu conteúdo. Essas iniciativas podem ajudar a aumentar a visibilidade do seu canal e atrair novos seguidores.

Realize lives e Q&A's: Realizar lives e sessões de perguntas e respostas pode criar uma conexão mais pessoal com os seguidores. Isso permite que eles se comuniquem diretamente com você e comecem a construir um relacionamento mais próximo.

Compartilhe conteúdo gerado pelo usuário: Compartilhar conteúdo gerado pelos usuários é uma ótima forma de envolver a comunidade e destacar os seus seguidores. Isso pode incentivar outros seguidores a criar e compartilhar conteúdo relacionado ao seu canal ou perfil.

Crie grupos de comunidade: Criar grupos de comunidade em redes sociais pode ajudar a construir uma comunidade em torno do seu conteúdo e permitir que os seguidores se comuniquem uns com os outros. Essa é uma ótima forma de criar um espaço para discussões relevantes e para que os seguidores se sintam parte de uma comunidade.

Realize meet and greets e eventos ao vivo: Realizar meet and greets e eventos ao vivo pode permitir que os seguidores se conectem pessoalmente com você e com outros seguidores. Isso pode criar uma sensação de pertencimento à comunidade e aumentar a fidelidade dos seguidores.

Inclua calls-to-action em seus vídeos: Incluir calls-to-action em seus vídeos pode incentivar os seguidores a se engajarem com você e com o seu conteúdo. Isso pode incluir pedidos para que os seguidores comentem, compartilhem ou curtam os vídeos.

Mantenha a consistência: É importante manter uma programação consistente de publicação de conteúdo para manter o público engajado e construir um relacionamento de confiança. Isso pode incluir postar regularmente nos stories, atualizar os seguidores sobre a programação de publicação de conteúdo, e manter uma presença ativa nas redes sociais.

Interagir com os seguidores é uma parte essencial para o sucesso dos Youtubers e Influencers. Essas estratégias podem ajudar a criar um relacionamento de confiança com o público, incentivar o envolvimento e construir uma comunidade em torno do seu conteúdo. É importante ser consistente e dedicar tempo para se conectar com os seguidores de forma autêntica e significativa.

Outra estratégia eficaz para interagir com os seguidores é a personalização. Mostrar interesse nos seguidores e nas suas vidas pode fazer com que se sintam valorizados e conectados com você. Você pode fazer isso mencionando-os em seus vídeos, perguntando sobre seus interesses ou hobbies e respondendo às suas perguntas de forma personalizada.

Também é importante ser autêntico e transparente com os seguidores. Compartilhar suas experiências pessoais e mostrar vulnerabilidade pode ajudar a criar uma conexão emocional com o público. Isso pode incluir falar sobre seus desafios pessoais ou profissionais e como você superou esses obstáculos.

Além disso, criar um senso de propósito e missão pode ajudar a inspirar e engajar os seguidores. Isso pode incluir falar sobre suas paixões e o porquê de você estar criando conteúdo para o seu canal ou perfil. Comunicar uma mensagem clara e coesa pode fazer com que os seguidores se identifiquem com você e se sintam parte de uma causa maior.

Por fim, estar atento às tendências e aos interesses dos seguidores pode ajudar a criar conteúdo mais relevante e envolvente. Isso pode incluir acompanhar as notícias e eventos atuais, assim como as tendências nas redes sociais e no seu nicho de mercado. Criar conteúdo que atenda às necessidades e interesses dos seguidores pode ajudar a aumentar o engajamento e a fidelidade da audiência.

Em resumo, interagir com os seguidores é fundamental para criar um relacionamento de confiança e engajamento duradouro. As estratégias mencionadas neste artigo, como responder aos comentários e mensagens, realizar sorteios e concursos, realizar lives e Q&A's, compartilhar conteúdo gerado pelos usuários e criar grupos de comunidade, podem ajudar a construir uma comunidade em torno do seu conteúdo. Além disso, ser autêntico, transparente e ter um senso de propósito pode inspirar e engajar os seguidores. Por fim, estar atento às tendências e aos interesses dos seguidores pode ajudar a criar conteúdo mais relevante e envolvente.

Estratégias para aumentar o engajamento e fidelidade do público

Para Youtubers e Influencers, aumentar o engajamento e fidelidade do público é essencial para o sucesso a longo prazo. Neste artigo, vamos discutir algumas estratégias eficazes para aumentar o engajamento e fidelidade do público.

Crie um conteúdo de qualidade: A qualidade do conteúdo é fundamental para manter o público interessado e envolvido. Isso inclui produzir conteúdo de alta qualidade, que atenda às expectativas do seu público e seja relevante para eles.

Fomente a interação: Encoraje o público a se envolver com o conteúdo, fazendo perguntas, incentivando comentários e compartilhamentos. Certifique-se de responder a todas as perguntas e comentários, para que o público sinta que suas opiniões são valorizadas.

Seja autêntico: Os seguidores são mais propensos a se engajar com um influenciador que seja autêntico e genuíno. Mostre sua personalidade e deixe que os seguidores conheçam o verdadeiro você.

Utilize as redes sociais: As redes sociais são uma ótima forma de se conectar com o público. Certifique-se de postar regularmente nas redes sociais e de criar conteúdo exclusivo para cada plataforma.

Colabore com outros influencers: Colaborações com outros influenciadores podem ajudar a aumentar a visibilidade do seu conteúdo e a expandir a sua audiência. Procure por influenciadores que compartilhem interesses semelhantes e que tenham um público semelhante ao seu.

Ofereça conteúdo exclusivo: Ofereça conteúdo exclusivo para os seus seguidores, como webinars, tutoriais e entrevistas. Isso pode aumentar a fidelidade do público, fazendo com que eles se sintam privilegiados por ter acesso a conteúdo exclusivo.

Realize sorteios e concursos: Realizar sorteios e concursos pode incentivar a participação dos seguidores e aumentar o envolvimento com o seu conteúdo. Essas iniciativas podem ajudar a aumentar a visibilidade do seu canal e atrair novos seguidores.

Realize eventos ao vivo: Realizar eventos ao vivo pode permitir que os seguidores se conectem pessoalmente com você e com outros seguidores. Isso pode criar uma sensação de pertencimento à comunidade e aumentar a fidelidade dos seguidores.

Ofereça recompensas: Oferecer recompensas para os seguidores mais engajados pode incentivar o envolvimento e aumentar a fidelidade do público. Isso pode incluir a inclusão de seguidores em vídeos, sorteios exclusivos ou a possibilidade de ter um contato direto com o influenciador.

Seja consistente: É importante manter uma programação consistente de publicação de conteúdo para manter o público engajado e construir uma relação de confiança. Isso pode incluir postar regularmente nos stories, atualizar os seguidores sobre a programação de publicação de conteúdo, e manter uma presença ativa nas redes sociais.

Em conclusão, aumentar o engajamento e fidelidade do público é fundamental para o sucesso dos Youtubers e Influencers. Essas estratégias podem ajudar a criar um relacionamento de confiança com o público, incentivando a participação e construindo uma comunidade engajada em torno do seu conteúdo. Ao seguir essas estratégias, os Youtubers e Influencers podem aumentar a sua audiência, criar um relacionamento mais forte com o público e garantir o sucesso a longo prazo.

No entanto, é importante lembrar que a construção de um público engajado e fiel leva tempo e esforço. É necessário ser consistente e dedicado na produção de conteúdo de alta qualidade e em interagir com o público. É fundamental conhecer o seu público e adaptar a sua estratégia de acordo com as suas necessidades e interesses.

Além disso, é importante não cair na armadilha de focar apenas em números, como o número de seguidores ou visualizações. Embora essas métricas sejam importantes, o verdadeiro sucesso deve ser medido pela qualidade do relacionamento com o público e pela sua capacidade de influenciar e inspirar as pessoas.

Em resumo, as estratégias para aumentar o engajamento e fidelidade do público incluem a criação de conteúdo de qualidade, o fomento à interação, a autenticidade, o uso das redes sociais, a colaboração com outros influencers, a oferta de conteúdo exclusivo, a realização de sorteios e concursos, a realização de eventos ao vivo, a oferta de recompensas e a consistência na produção de conteúdo. Ao seguir essas estratégias e se dedicar ao relacionamento com o público, os Youtubers e Influencers podem construir uma comunidade engajada e fiel em torno do seu conteúdo.

Como lidar com comentários negativos e gerenciar crises de reputação

Para Youtubers e Influencers, lidar com comentários negativos e gerenciar crises de reputação pode ser uma parte desafiadora do trabalho. No entanto, é fundamental aprender a lidar com essas situações para manter uma reputação positiva e garantir o sucesso a longo prazo. Neste artigo, discutiremos algumas estratégias para lidar com comentários negativos e gerenciar crises de reputação.

Monitore sua presença online: É importante monitorar regularmente sua presença online para identificar rapidamente qualquer comentário ou crítica negativa. Você pode usar ferramentas de monitoramento de mídia social para rastrear menções do seu nome e do seu canal ou perfil. Ficar atento a essas informações permite que você responda rapidamente e reduza o impacto negativo.

Mantenha a calma: É fundamental manter a calma e não deixar que os comentários negativos o afetem pessoalmente. Responder com raiva ou frustração só piora a situação e pode afetar sua reputação. Em vez disso, tente responder de forma educada e profissional, explicando sua posição ou oferecendo uma solução para o problema apresentado.

Responda rapidamente: Responder rapidamente aos comentários negativos é importante para minimizar os danos à sua reputação. Isso mostra que você está comprometido em resolver o problema e pode ajudar a acalmar a situação antes que ela piore. Se for necessário, peça desculpas pelo problema ou erro e ofereça uma solução para corrigi-lo.

Não ignore os comentários negativos: Ignorar comentários negativos pode piorar a situação e afetar sua reputação. Em vez disso, tente responder a todos os comentários, mesmo os negativos. Isso mostra que você se preocupa com a opinião do seu público e está disposto a resolver qualquer problema que possa surgir.

Tome a conversa para um ambiente privado: Em alguns casos, pode ser melhor tomar a conversa para um ambiente privado, como por e-mail ou mensagem direta nas redes sociais. Isso permite que você resolva o problema sem expor o público a uma discussão negativa. Lembre-se de sempre manter a educação e profissionalismo nessas conversas.

Peça ajuda profissional se necessário: Se a crise de reputação for muito grande ou você não souber como lidar com a situação, é importante pedir ajuda profissional. Você pode contratar uma agência de gerenciamento de reputação para ajudar a lidar com a crise e recuperar sua reputação.

Não se defenda demais: Embora seja importante responder aos comentários negativos, é importante não se defender demais. Isso pode ser interpretado como defensivo e pode piorar a situação. Em vez disso, seja educado e ofereça uma solução para o problema apresentado.

Seja transparente: Ser transparente com seu público é fundamental para construir uma relação de confiança. Se você cometer um erro, admita e peça desculpas. Se você estiver lidando com uma crise de reputação, explique a situação de forma clara e honesta.

Não compre comentários positivos: Comprar comentários positivos para melhorar sua reputação é antiético e pode prejudicar sua credibilidade. Além disso, os seguidores podem perceber que esses comentários são falsos e isso pode prejudicar ainda mais sua reputação. Em vez disso, foque em criar um conteúdo autêntico e de qualidade, que naturalmente atrairá comentários positivos.

Aprenda com os erros: Em vez de se concentrar apenas nos aspectos negativos, tente aprender com os erros e feedbacks negativos recebidos. Isso pode ajudá-lo a melhorar seu conteúdo e evitar problemas semelhantes no futuro.

Lidar com comentários negativos e gerenciar crises de reputação pode ser desafiador para Youtubers e Influencers. No entanto, é importante lembrar que essas situações podem acontecer com qualquer pessoa na internet e que a forma como você lida com elas pode ter um impacto significativo na sua reputação a longo prazo. Portanto, monitore sua presença online, mantenha a calma, responda rapidamente, não ignore comentários negativos, tome a conversa para um ambiente privado se necessário, peça ajuda profissional se necessário, seja transparente, não se defenda demais, não compre comentários positivos e aprenda com os erros. Seguir essas estratégias pode ajudá-lo a lidar com comentários negativos e crises de reputação de forma profissional e construir uma reputação positiva na internet.

Capítulo 6: Monetização de Conteúdo

Estratégias para ganhar dinheiro com suas redes sociais

Com a popularização das redes sociais, muitos Youtubers e Influencers têm buscado formas de monetizar suas plataformas online. Existem diversas estratégias para ganhar dinheiro com suas redes sociais, desde a publicidade paga até a venda de produtos ou serviços próprios. Neste artigo, apresentaremos algumas das principais estratégias para monetizar suas redes sociais.

Publicidade paga: Uma das formas mais comuns de ganhar dinheiro com suas redes sociais é por meio de publicidade paga. Empresas pagam para terem suas marcas ou produtos divulgados por influenciadores que possuem um grande número de seguidores. É importante, no entanto, que as publicações estejam em linha com o conteúdo do Influencer e que os seguidores percebam a publicidade de forma natural e não forçada.

Programas de afiliados: Os programas de afiliados são outra forma popular de monetizar suas redes sociais. Nesse modelo, o Influencer promove produtos ou serviços de outras empresas em suas publicações e recebe uma comissão sobre as vendas geradas a partir de seu link de afiliado. É importante escolher produtos ou serviços que estejam em linha com o conteúdo do Influencer e que tenham potencial de venda entre seus seguidores.

Patrocínios: Patrocínios são acordos entre o Influencer e uma marca, em que o Influencer promove os produtos ou serviços da marca em suas publicações por um período determinado em troca de uma compensação financeira. Essa estratégia pode ser bastante lucrativa, mas é importante escolher marcas que estejam alinhadas com o conteúdo e valores do Influencer para que a promoção pareça natural.

Venda de produtos ou serviços próprios: Outra forma de monetizar suas redes sociais é através da venda de produtos ou serviços próprios. Se o Influencer possui um público engajado e interessado em seu conteúdo, é possível criar produtos digitais como e-books, cursos online, workshops ou outros produtos que possam ser vendidos diretamente aos seguidores. Além disso, é possível utilizar as redes sociais para promover produtos físicos, como roupas, acessórios ou outros itens que estejam relacionados com o conteúdo do Influencer.

Eventos: Realizar eventos presenciais ou online pode ser outra forma interessante de monetizar as redes sociais. Se o Influencer possui um público engajado e fiel, é possível organizar encontros, meet & greets, palestras ou outros eventos que permitam o contato direto com os seguidores. Além disso, é possível organizar eventos online, como webinars ou workshops, e cobrar pela participação ou por conteúdos exclusivos.

Doações: Algumas redes sociais permitem que os seguidores façam doações para os criadores de conteúdo. Essa estratégia pode ser utilizada por Influencers que possuem uma comunidade engajada e disposta a contribuir financeiramente para o desenvolvimento do conteúdo. É importante, no entanto, que essa opção de doação seja apresentada de forma transparente e sem forçar a barra.

Em resumo, existem diversas estratégias para ganhar dinheiro com suas redes sociais. É importante que o Influencer escolha aquelas que estejam em linha com seu conteúdo e que sejam capazes de gerar valor para seus seguidores. Além disso, é fundamental manter a transparência e a autenticidade em todas as publicações, evitando promover produtos ou serviços que não sejam relevantes ou de qualidade duvidosa.

Outro ponto importante é ter uma estratégia clara de conteúdo e publicações para manter seus seguidores engajados e interessados em seu perfil. É preciso criar um relacionamento de confiança com a audiência para que as estratégias de monetização não pareçam invasivas ou desinteressantes.

Por fim, é importante destacar que monetizar as redes sociais exige trabalho e dedicação por parte do Influencer. É preciso produzir conteúdo de qualidade, manter-se atualizado sobre as tendências e novidades da plataforma, e estar sempre atento às necessidades e interesses dos seguidores.

Em suma, as redes sociais oferecem diversas oportunidades para que Youtubers e Influencers possam ganhar dinheiro e monetizar suas plataformas online. É importante escolher as estratégias que melhor se adequem ao perfil e ao conteúdo do Influencer, mantendo sempre a transparência, autenticidade e qualidade nas publicações.

Como criar conteúdo patrocinado sem prejudicar sua imagem de marca

Os Youtubers e Influencers têm se tornado cada vez mais populares e, consequentemente, atraentes para marcas que buscam promover seus produtos ou serviços. No entanto, é preciso tomar cuidado para que o conteúdo patrocinado não prejudique a imagem de marca do Influencer. Neste artigo, apresentaremos algumas dicas para criar conteúdo patrocinado de forma a preservar a imagem de marca.

Escolha marcas que estejam alinhadas com seu conteúdo é importante que as marcas escolhidas estejam em linha com o conteúdo e valores do Influencer. Caso contrário, a promoção pode parecer forçada e desalinhada com o restante do conteúdo, o que pode prejudicar a imagem de marca do Influencer. É importante lembrar que a credibilidade é um dos principais ativos do Influencer e, por isso, deve ser preservada.

Seja transparente com seus seguidores A transparência é fundamental para manter a confiança dos seguidores. É preciso deixar claro que se trata de um conteúdo patrocinado e que o Influencer está sendo remunerado pela promoção da marca. É possível fazer isso de forma discreta, utilizando hashtags como #publi, #ad ou #patrocinado, por exemplo.

Não comprometa a qualidade do conteúdo O conteúdo patrocinado não deve comprometer a qualidade do conteúdo do Influencer. É importante manter a autenticidade e a originalidade do conteúdo, mesmo quando se trata de uma promoção. O Influencer pode, por exemplo, criar conteúdo específico para a marca, que esteja em linha com o restante do conteúdo e que seja interessante para os seguidores.

Seja criativo e autêntico A criatividade e a autenticidade são importantes para garantir que o conteúdo patrocinado não pareça forçado ou desinteressante. O Influencer pode utilizar sua criatividade para criar conteúdo que seja atrativo e que esteja em linha com seu estilo e com a mensagem da marca.

Não promova produtos ou serviços que não conheça. É importante que o Influencer conheça bem o produto ou serviço que está promovendo. Caso contrário, pode transmitir uma imagem de falta de autenticidade e credibilidade. É preciso experimentar o produto ou serviço antes de promovê-lo e avaliar se ele realmente é relevante para o público e está em linha com o conteúdo do Influencer.

Mantenha a ética O Influencer deve manter a ética em suas promoções e evitar, por exemplo, fazer afirmações enganosas ou promessas que não possam ser cumpridas. É importante que a promoção seja honesta e transparente, para que os seguidores possam tomar suas próprias decisões baseadas em informações verdadeiras.

Em resumo, é possível criar conteúdo patrocinado de forma a preservar a imagem de marca do Influencer. Para isso, é importante escolher marcas alinhadas com o conteúdo, ser transparente com os seguidores, não comprometer a qualidade do conteúdo, ser criativo e autêntico, promover apenas produtos ou serviços que conheça e manter a ética em suas promoções. Assim, o Influencer pode continuar a construir uma imagem de credibilidade e confiança entre seus seguidores, mesmo quando se trata de conteúdo patrocinado. É importante lembrar que a imagem de marca do Influencer é um ativo valioso, e deve ser preservada com cuidado para que a relação com os seguidores não seja prejudicada.

Além dessas dicas, é importante ressaltar que a legislação em relação ao conteúdo patrocinado pode variar de país para país. É importante que o Influencer esteja ciente das leis e regulamentações locais em relação a esse tipo de conteúdo, para evitar problemas legais ou possíveis multas.

Por fim, é importante lembrar que o conteúdo patrocinado não precisa ser visto como algo negativo. Quando feito de forma ética e transparente, pode ser uma forma de gerar receita e oferecer aos seguidores acesso a produtos e serviços que possam ser relevantes para eles. Com as dicas apresentadas neste artigo, é possível criar conteúdo patrocinado que beneficie tanto o Influencer quanto a marca, sem comprometer a imagem de marca do Influencer.

Maximizando suas oportunidades de monetização

Como Youtuber ou Influencer, você pode ganhar dinheiro com o seu conteúdo através de diferentes formas de monetização. Neste artigo, discutiremos algumas das principais estratégias para maximizar as suas oportunidades de monetização.

Publicidade A publicidade é uma das formas mais comuns de monetização para Youtubers e Influencers. O Google AdSense permite que você exiba anúncios em seus vídeos do YouTube e pague por clique ou por visualização. No entanto, o valor que você recebe pode variar muito, dependendo do nicho, do público e do engajamento do seu canal.

Outra opção é a publicidade direta, em que as marcas pagam diretamente para que você apresente seus produtos ou serviços em seu canal. É importante garantir que essas promoções sejam relevantes para seu público e estejam em linha com sua marca pessoal, para evitar uma perda de credibilidade.

Marketing de afiliados O marketing de afiliados é uma forma popular de monetização que envolve a promoção de produtos ou serviços de outras empresas. Quando um seguidor clica em seu link de afiliado e realiza uma compra, você recebe uma comissão sobre a venda. É importante escolher produtos e serviços que estejam em linha com o conteúdo do seu canal e que sejam relevantes para seu público.

Patrocínio O patrocínio é outra forma de monetização que envolve a colaboração com marcas para promover seus produtos ou serviços. Essas colaborações podem variar de acordos pontuais a contratos de longo prazo e geralmente envolvem o pagamento de um valor fixo ou uma percentagem sobre as vendas geradas a partir da promoção. É importante escolher marcas que estejam alinhadas com seus valores e objetivos para manter a autenticidade do seu conteúdo.

Venda de produtos ou serviços A venda de produtos ou serviços próprios também pode ser uma forma de monetização para Youtubers e Influencers. Isso pode incluir desde produtos digitais, como e-books e cursos online, até produtos físicos, como roupas e acessórios. É importante lembrar que o sucesso dessa estratégia depende do desenvolvimento de uma audiência fiel e engajada.

Crowdfunding O crowdfunding é uma estratégia de financiamento coletivo em que os seguidores contribuem financeiramente para apoiar o trabalho do Youtuber ou Influencer. As plataformas de crowdfunding, como o Patreon, permitem que os seguidores apoiem seus criadores de conteúdo favoritos através de pagamentos mensais ou por conteúdo específico. É importante oferecer recompensas atraentes para incentivar as pessoas a contribuir.

Eventos ao vivo. Os eventos ao vivo, como shows, encontros com fãs e workshops, podem ser outra forma de monetização para Youtubers e Influencers. Esses eventos permitem que os seguidores se conectem pessoalmente com seus criadores de conteúdo favoritos e, muitas vezes, são cobrados por ingresso. É importante garantir que esses eventos sejam bem planejados e promovidos para atrair um público significativo.

Em resumo, existem várias estratégias de monetização disponíveis para Youtubers e Influencers. É importante experimentar diferentes formas e encontrar as que melhor se adequam ao seu nicho, ao seu público e ao seu estilo. Além disso, é essencial manter a qualidade e a autenticidade do seu conteúdo para manter a lealdade e o engajamento do público.

No entanto, para maximizar suas oportunidades de monetização, é importante investir em uma estratégia de marketing eficaz. Isso envolve a criação de uma marca forte e coerente, a construção de uma audiência fiel e engajada, e a promoção constante do seu canal e conteúdo nas redes sociais e outras plataformas online relevantes.

Além disso, é importante acompanhar de perto os resultados de suas estratégias de monetização e fazer ajustes conforme necessário. Isso pode envolver testar diferentes formatos de anúncios, ajustar suas táticas de marketing de afiliados, ou buscar novas parcerias de patrocínio.

Em conclusão, maximizar as oportunidades de monetização como Youtuber ou Influencer envolve a combinação de várias estratégias, incluindo publicidade, marketing de afiliados, patrocínio, venda de produtos ou serviços, crowdfunding, e eventos ao vivo. Ao investir em uma estratégia de marketing eficaz e manter a qualidade e autenticidade do seu conteúdo, você pode aumentar suas chances de sucesso e alcançar seus objetivos financeiros.

Capítulo 7: Análise de Dados e Métricas

Como medir o desempenho e o sucesso de suas campanhas de Marketing de Influência

O Marketing de Influência tornou-se uma estratégia popular para marcas alcançarem públicos mais amplos, e muitos Youtubers e Influencers utilizam esta forma de monetização para obter renda. No entanto, é essencial medir o desempenho e o sucesso de suas campanhas de Marketing de Influência para saber se está a ter o retorno esperado. Neste artigo, discutiremos algumas das principais métricas para medir o desempenho e o sucesso de suas campanhas de Marketing de Influência.

Alcance O alcance é uma das métricas mais importantes para medir o desempenho de uma campanha de Marketing de Influência. O alcance mede quantas pessoas foram expostas ao conteúdo da campanha, e pode ser calculado através do número de visualizações, partilhas e interações. É importante ter em mente que o alcance nem sempre se traduz em engajamento ou conversão, mas é uma métrica importante para avaliar a visibilidade da campanha.

Engajamento O engajamento é outra métrica importante para medir o desempenho de uma campanha de Marketing de Influência. O engajamento mede a interação dos seguidores com o conteúdo da campanha, e pode ser calculado através do número de curtidas, comentários e partilhas. Um alto engajamento indica que a campanha foi bem recebida pelo público e que gerou interesse e interação. No entanto, o engajamento também pode ser influenciado por outros fatores, como o algoritmo da plataforma e a qualidade do conteúdo.

Conversão A conversão é a métrica mais importante para medir o sucesso de uma campanha de Marketing de Influência. A conversão mede quantos seguidores que foram expostos ao conteúdo da campanha realmente tomaram a ação desejada, como realizar uma compra ou inscrever-se numa lista de e-mails. A conversão pode ser calculada através do número de cliques no link da campanha e das vendas realizadas a partir desse link. É importante lembrar que a conversão pode ser influenciada por vários fatores, como o preço do produto, a qualidade do conteúdo e a confiança do seguidor na marca.

ROI O ROI (Return on Investment) é uma métrica importante para medir o sucesso financeiro de uma campanha de Marketing de Influência. O ROI mede o retorno financeiro gerado pela campanha em relação ao investimento feito pela marca. O ROI pode ser calculado através da subtração do custo da campanha do ganho gerado pela campanha, dividido pelo custo da campanha. Um ROI positivo indica que a campanha gerou um lucro para a marca, enquanto um ROI negativo indica que a campanha gerou uma perda.

Satisfação do cliente. A satisfação do cliente é uma métrica importante para medir o sucesso de uma campanha de Marketing de Influência a longo prazo. A satisfação do cliente mede o nível de satisfação dos clientes que compraram o produto ou serviço promovido na campanha. É importante lembrar que a satisfação do cliente pode influenciar a fidelidade do cliente e o retorno do investimento para a marca a longo prazo.

Em resumo medir o desempenho e o sucesso de uma campanha de Marketing de Influência é essencial para entender se está a alcançar o retorno esperado e justificar o investimento da marca. Para isso, é importante considerar várias métricas, como alcance, engajamento, conversão, ROI e satisfação do cliente.

O alcance mede quantas pessoas foram expostas ao conteúdo da campanha, enquanto o engajamento mede a interação dos seguidores com o conteúdo. A conversão é a métrica mais importante, pois mede quantos seguidores que foram expostos ao conteúdo tomaram a ação desejada. O ROI é fundamental para avaliar o sucesso financeiro da campanha e medir o retorno do investimento. Por fim, a satisfação do cliente é importante para avaliar o impacto da campanha a longo prazo na fidelidade do cliente e no retorno do investimento.

Ao medir essas métricas, é possível avaliar o sucesso de uma campanha de Marketing de Influência e identificar áreas que podem ser melhoradas para aumentar o retorno do investimento da marca. É importante lembrar que essas métricas devem ser avaliadas em conjunto, pois cada uma fornece uma perspetiva diferente sobre o desempenho da campanha.

Identificando métricas importantes para Youtubers e Influencers

Os Youtubers e Influencers precisam identificar as métricas mais importantes para o sucesso de suas atividades de marketing e monetização. As métricas são importantes indicadores para avaliar o desempenho, o engajamento, a conversão e a fidelidade do público. Neste artigo, discutiremos algumas das métricas mais importantes para Youtubers e Influencers.

Alcance

O alcance mede quantas pessoas foram expostas ao conteúdo do Youtuber ou Influencer e pode ser medido por meio de visualizações, partilhas e interações. O alcance é uma métrica fundamental para avaliar a visibilidade do canal e da campanha. O alcance pode ser maximizado através de técnicas de SEO e promoção em plataformas sociais.

Engajamento

O engajamento é uma métrica que mede a interação do público com o conteúdo do Youtuber ou Influencer. O engajamento pode ser medido por meio de curtidas, comentários, partilhas e subscrições. O engajamento é um indicador importante para avaliar o nível de interesse e envolvimento do público com o canal ou campanha. Um alto engajamento indica que o público está interessado e envolvido com o conteúdo e a marca.

Retenção de público

A retenção de público mede a taxa de visualização de um vídeo em relação ao tempo total do vídeo. A retenção de público é importante para avaliar a qualidade do conteúdo e a capacidade do Youtuber ou Influencer em manter o interesse do público. Uma alta taxa de retenção indica que o público está a assistir o conteúdo por mais tempo e está interessado no que está sendo apresentado.

Conversão

A conversão mede quantos seguidores tomaram a ação desejada pelo Youtuber ou Influencer, como realizar uma compra ou subscrever-se numa lista de e-mails. A conversão pode ser calculada através do número de cliques no link da campanha e das vendas realizadas a partir desse link. A conversão é importante para avaliar a capacidade do Youtuber ou Influencer em influenciar o público a tomar uma ação específica. É importante lembrar que a conversão pode ser influenciada por vários fatores, como o preço do produto, a qualidade do conteúdo e a confiança do seguidor na marca.

Receita

A receita é uma métrica financeira importante para Youtubers e Influencers. A receita é gerada por meio de monetização do canal, patrocínios e campanhas de Marketing de Influência. A receita é um indicador importante do sucesso financeiro do canal e da capacidade do Youtuber ou Influencer em monetizar o seu conteúdo e a sua audiência.

ROI

O ROI (Return on Investment) é uma métrica financeira importante para Youtubers e Influencers. O ROI mede o retorno financeiro gerado em relação ao investimento feito. O ROI pode ser calculado através da subtração do custo da campanha do ganho gerado pela campanha, dividido pelo custo da campanha. Um ROI positivo indica que a campanha gerou um lucro para o Youtuber ou Influencer, enquanto um ROI negativo indica que a campanha gerou uma perda.

Satisfação do público

A satisfação do público é uma métrica que mede o nível de satisfação e fidelidade do público em relação ao conteúdo e à marca. A satisfação do público pode ser medida por meio de pesquisas de opinião, avaliações e feedbacks. É importante lembrar que a satisfação do público está relacionada à qualidade do conteúdo, à relevância da mensagem e à coerência da marca. A satisfação do público é um indicador importante para avaliar a saúde do canal e a longevidade da audiência.

Conclusão

Identificar as métricas mais importantes para Youtubers e Influencers é fundamental para avaliar o desempenho, a eficácia e a rentabilidade do canal e da campanha. As métricas devem ser selecionadas com base nos objetivos e nas necessidades do Youtuber ou Influencer, bem como na estratégia de Marketing adotada. As métricas podem ser monitorizadas por meio de ferramentas de análise de dados e por meio de feedbacks diretos do público. É importante lembrar que as métricas devem ser avaliadas regularmente para que possam ser ajustadas e otimizadas de acordo com as necessidades e os desafios do canal e da campanha.

Utilizando os dados para melhorar suas estratégias de marketing

Os Youtubers e Influencers podem utilizar dados para melhorar suas estratégias de marketing e maximizar o sucesso de suas atividades. Os dados podem ser coletados de diversas fontes, incluindo as métricas mencionadas anteriormente, e analisados para identificar tendências e padrões de comportamento do público.

Segmentação de público

Uma das principais formas de utilizar dados para melhorar as estratégias de marketing é através da segmentação de público. A segmentação de público envolve a divisão da audiência em grupos com características semelhantes, como idade, género, localização, interesses e comportamentos. Ao segmentar o público, o Youtuber ou Influencer pode criar conteúdo e campanhas específicas para cada grupo, aumentando a relevância e eficácia do seu marketing.

Teste A/B

Outra forma de utilizar dados para melhorar as estratégias de marketing é através do teste A/B. O teste A/B envolve a criação de duas versões de uma campanha ou conteúdo, com apenas uma variável sendo alterada entre elas, e a distribuição dessas versões para uma amostra do público. Os resultados são medidos e comparados para determinar qual versão é mais eficaz em alcançar o objetivo desejado. O teste A/B pode ser utilizado para testar diferentes títulos, imagens, chamadas para ação, preços e muito mais.

Personalização

Os dados também podem ser utilizados para personalizar o conteúdo e as campanhas para cada indivíduo. Com a coleta de dados do público, como histórico de navegação, compras anteriores e interações nas redes sociais, o Youtuber ou Influencer pode criar conteúdo e campanhas personalizados para cada seguidor. A personalização aumenta a relevância e o interesse do público em relação ao conteúdo, aumentando a probabilidade de conversão e fidelidade.

Análise de tendências

A análise de tendências é outra forma de utilizar dados para melhorar as estratégias de marketing. A análise de tendências envolve a análise de dados ao longo do tempo para identificar padrões e tendências de comportamento do público. Isso pode incluir tendências sazonais, como aumento das vendas no Natal ou queda de visualizações durante as férias, bem como tendências de longo prazo, como aumento do uso de smartphones para visualização de vídeos. Com essas informações, o Youtuber ou Influencer pode adaptar suas estratégias para aproveitar essas tendências e maximizar o seu sucesso.

Acompanhamento de concorrentes

Os dados também podem ser utilizados para acompanhar e avaliar a concorrência. Através da análise das métricas e estratégias de marketing dos concorrentes, o Youtuber ou Influencer pode identificar oportunidades e ameaças para o seu próprio canal e campanhas. Isso pode incluir identificar lacunas no mercado ou estratégias bem-sucedidas utilizadas pelos concorrentes.

Em resumo, os Youtubers e Influencers podem utilizar dados para melhorar suas estratégias de marketing de diversas formas, incluindo a segmentação de público, teste A/B, personalização, análise de tendências e acompanhamento de concorrentes. A coleta e análise de dados são fundamentais para maximizar o sucesso das atividades de marketing e monetização, permitindo que os Youtubers e Influencers tomem decisões mais informadas e estratégicas. Ao utilizar os dados, é possível otimizar o conteúdo e as campanhas para atender às necessidades e interesses do público, aumentar o engajamento e conversão, bem como superar a concorrência.

É importante destacar que a privacidade do público deve ser levada em consideração ao coletar e utilizar dados. Os Youtubers e Influencers devem garantir que estão em conformidade com as leis de privacidade e obter o consentimento do público para a coleta e uso de seus dados.

Além disso, é essencial que os Youtubers e Influencers tenham uma compreensão sólida dos dados e métricas utilizados em suas estratégias de marketing. Eles devem saber quais dados coletar, como interpretá-los e como usá-los de forma eficaz. Isso pode exigir a contratação de profissionais de análise de dados ou a participação em cursos e treinamentos para aprimorar as habilidades nessa área.

Em conclusão, a coleta e análise de dados são ferramentas valiosas para Youtubers e Influencers melhorarem suas estratégias de marketing. Ao segmentar o público, realizar testes A/B, personalizar o conteúdo, analisar tendências e acompanhar a concorrência, eles podem maximizar o sucesso de suas atividades de marketing e monetização. No entanto, é importante ressaltar que a privacidade do público deve ser protegida e que é essencial ter um conhecimento sólido sobre dados e métricas para utilizá-los de forma eficaz.

Capítulo 8: Novas Tendências em Marketing de Influência

Tendências emergentes em Marketing de Influência

O marketing de influência tem sido uma ferramenta fundamental para muitas marcas e empresas nos últimos anos, especialmente no que diz respeito ao uso de Youtubers e Influencers para promover produtos e serviços. Com o avanço da tecnologia e o surgimento de novas tendências, é importante que Youtubers e Influencers estejam cientes das tendências emergentes no marketing de influência para maximizar o sucesso de suas atividades. Abaixo estão algumas tendências emergentes que estão moldando o futuro do marketing de influência.

Micro-Influencers

Uma das tendências emergentes em marketing de influência é o uso de micro-influencers. Os micro-influencers são indivíduos com um número relativamente menor de seguidores, geralmente entre 1.000 e 10.000, mas com um nível elevado de engajamento em sua comunidade. Devido ao seu tamanho mais modesto, os micro-influencers são frequentemente mais acessíveis e autênticos, o que pode gerar maior confiança e credibilidade com o público. Essa tendência está ganhando popularidade porque as marcas estão percebendo que o engajamento é mais importante do que o tamanho do público quando se trata de alcançar os objetivos de marketing.

TikTok

Outra tendência emergente em marketing de influência é o uso do TikTok. O TikTok é uma plataforma de vídeo de curta duração que permite aos usuários criar e compartilhar vídeos divertidos e criativos. Desde o seu lançamento em 2016, o TikTok tornou-se uma das plataformas de mídia social mais populares em todo o mundo, especialmente entre o público mais jovem. O TikTok oferece uma oportunidade única para Youtubers e Influencers alcançarem um novo público e criar conteúdo criativo e autêntico que pode gerar um engajamento significativo.

Marketing de propósito

O marketing de propósito é outra tendência emergente em marketing de influência. O marketing de propósito é a prática de associar uma marca ou produto a uma causa social ou ambiental. Isso pode incluir o uso de materiais sustentáveis, a doação de uma porção das vendas a uma causa social ou o patrocínio de eventos relacionados a causas sociais. Os consumidores estão cada vez mais interessados em marcas que têm um propósito e que são responsáveis social e ambientalmente, e isso pode ser uma oportunidade para os Youtubers e Influencers alinharem suas atividades de marketing com causas sociais relevantes.

Realidade Virtual

A realidade virtual é outra tendência emergente em marketing de influência. A realidade virtual permite que os usuários experimentem produtos e serviços em um ambiente virtual imersivo. Isso pode incluir o uso de tecnologia de realidade virtual para simular o uso de um produto ou serviço em um ambiente virtual. A realidade virtual pode ser uma maneira inovadora para as marcas e empresas promoverem seus produtos e serviços de maneira criativa e engajadora.

Inteligência Artificial

A inteligência artificial é outra tendência emergente em marketing de influência. A inteligência artificial pode ser usada para analisar dados e identificar padrões de comportamento do público, permitindo que os Youtubers e Influencers ajustem suas estratégias de marketing com base em informações precisas. A inteligência artificial também pode ser usada para criar conteúdo personalizado para cada indivíduo com base em suas preferências e interesses, o que pode aumentar o engajamento do público com o conteúdo.

Além disso, a inteligência artificial pode ser usada para identificar fake news e informações falsas, o que é especialmente importante em marketing de influência, onde a credibilidade e confiança são fundamentais para o sucesso. A inteligência artificial também pode ajudar os Youtubers e Influencers a gerenciar e analisar suas redes sociais de forma mais eficiente, economizando tempo e permitindo que eles se concentrem na criação de conteúdo de alta qualidade.

O marketing de influência é uma ferramenta poderosa para marcas e empresas alcançarem e engajarem seu público-alvo. Com as tendências emergentes que estão moldando o futuro do marketing de influência, Youtubers e Influencers precisam estar atentos e adaptar suas estratégias para maximizar o sucesso de suas atividades. Ao usar micro-influencers, o TikTok, o marketing de propósito, a realidade virtual e a inteligência artificial, os Youtubers e Influencers podem criar conteúdo mais autêntico, envolvente e eficaz, estabelecendo uma relação de confiança e credibilidade com seu público e aumentando o impacto de suas atividades de marketing.

Como se manter atualizado com as mudanças no mercado

Para os Youtubers e Influencers, manter-se atualizado com as mudanças no mercado é essencial para alcançar e manter o sucesso no marketing de influência. Neste artigo, abordaremos algumas estratégias eficazes para manter-se atualizado com as mudanças no mercado.

Participar de conferências e eventos

Participar de conferências e eventos relacionados ao seu nicho de mercado é uma excelente maneira de se manter atualizado com as últimas tendências. Esses eventos permitem que você conheça outros profissionais do setor, aprenda com palestrantes experientes e descubra novas ideias e soluções para o seu negócio. Ao participar desses eventos, você também pode conhecer novos parceiros comerciais e colaboradores.

Ler publicações especializadas

Ler publicações especializadas é uma maneira eficaz de se manter atualizado com as mudanças no mercado. Existem muitas revistas e sites especializados que cobrem o marketing de influência e outros tópicos relevantes para os Youtubers e Influencers. Essas publicações fornecem insights sobre as últimas tendências, estratégias de marketing e informações importantes sobre os concorrentes. Além disso, eles também podem fornecer informações valiosas sobre novas tecnologias e ferramentas que podem ajudá-lo a melhorar sua presença nas redes sociais.

Participar de grupos de discussão online

Participar de grupos de discussão online é outra maneira de se manter atualizado com as mudanças no mercado. Esses grupos são uma excelente fonte de informações sobre as últimas tendências, dicas de marketing e estratégias bem-sucedidas. Além disso, você também pode fazer perguntas, compartilhar suas próprias ideias e colaborar com outros profissionais do setor.

Acompanhar os influenciadores e concorrentes

Acompanhar os influenciadores e concorrentes é outra maneira de se manter atualizado com as mudanças no mercado. Ao seguir os influenciadores do seu nicho, você pode descobrir novas tendências, ver como eles estão trabalhando para se destacar e aprender com suas estratégias de marketing. Além disso, monitorar seus concorrentes pode fornecer informações valiosas sobre as estratégias de marketing que eles estão usando e as tendências emergentes no mercado.

Usar ferramentas de análise de dados

Usar ferramentas de análise de dados é outra maneira de se manter atualizado com as mudanças no mercado. Existem muitas ferramentas disponíveis que podem ajudá-lo a monitorar o desempenho de suas campanhas de marketing de influência, analisar as tendências do mercado e descobrir oportunidades de crescimento. Essas ferramentas também podem ajudá-lo a entender o comportamento do seu público-alvo e identificar novas oportunidades de colaboração com outros influenciadores.

Manter-se atualizado com as mudanças no mercado é crucial para os Youtubers e Influencers que desejam alcançar e manter o sucesso no marketing de influência. Participar de conferências e eventos, ler publicações especializadas, participar de grupos de discussão online, acompanhar os influenciadores e concorrentes e usar ferramentas de análise de dados são algumas das maneiras mais eficazes de se manter atualizado com as mudanças no mercado. É importante lembrar que o mercado de marketing de influência está em constante evolução, portanto, é fundamental estar sempre atualizado para se manter relevante e competitivo.

Além disso, é importante estar aberto a novas ideias e mudanças. À medida que novas tecnologias e tendências surgem, é importante adaptar sua estratégia de marketing de influência e encontrar maneiras de incorporar essas mudanças em suas campanhas. Manter-se atualizado com as mudanças no mercado pode ser desafiador, mas é um investimento valioso para o sucesso a longo prazo no marketing de influência.

Por fim, vale ressaltar a importância de buscar conhecimento e aprendizado constantes. Participar de cursos online, fazer treinamentos e aprender com profissionais experientes também pode ser uma ótima maneira de se manter atualizado e aprimorar suas habilidades. O mercado de marketing de influência é altamente competitivo e aqueles que estão sempre buscando evoluir e se aprimorar têm uma vantagem significativa.

Preparando-se para o futuro do Marketing de Influência

O marketing de influência tem crescido exponencialmente nos últimos anos e a tendência é que continue a crescer no futuro. Por isso, é importante que os Youtubers e Influencers estejam preparados para enfrentar as mudanças que virão. Neste artigo, abordaremos algumas estratégias para preparar-se para o futuro do marketing de influência.

Mantenha-se atualizado com as tendências de consumo Uma das principais tendências do marketing de influência é a crescente preocupação com questões sociais e ambientais. Os consumidores estão mais conscientes sobre as práticas éticas e sustentáveis das marcas e esperam que os influenciadores também se envolvam nessas questões. Por isso, é importante que os Youtubers e Influencers estejam atentos às tendências de consumo e adotem práticas éticas e sustentáveis em seu trabalho.

Diversifique seus canais de comunicação atualmente, o YouTube é a principal plataforma para os influenciadores, mas isso pode mudar no futuro. Por isso, é importante que os Youtubers e Influencers diversifiquem seus canais de comunicação e estejam presentes em outras plataformas, como Instagram, TikTok e Twitch. Dessa forma, eles podem alcançar diferentes públicos e se adaptar às mudanças de comportamento do consumidor.

Invista em conteúdo de qualidade O conteúdo de qualidade sempre foi fundamental no marketing de influência e isso não deve mudar no futuro. Os consumidores estão cada vez mais exigentes e esperam conteúdo relevante e autêntico dos influenciadores. Por isso, é importante que os Youtubers e Influencers invistam em conteúdo de qualidade, que agregue valor aos seus seguidores e seja coerente com seus valores e personalidade.

Fortaleça sua marca pessoal Com o aumento do número de influenciadores, é importante que os Youtubers e Influencers fortaleçam sua marca pessoal para se destacar no mercado. Isso inclui definir uma identidade visual coesa, criar um tom de voz único e estabelecer uma conexão emocional com seus seguidores. Além disso, é importante que eles invistam em seu desenvolvimento pessoal e profissional para aprimorar suas habilidades e conhecimentos.

Busque parcerias mais estratégicas. As parcerias sempre foram uma parte importante do marketing de influência, mas no futuro elas tendem a se tornar ainda mais estratégicas. As marcas estão cada vez mais exigentes e esperam resultados mais concretos dos influenciadores. Por isso, é importante que os Youtubers e Influencers busquem parcerias mais estratégicas, que estejam alinhadas com seus valores e objetivos, e que permitam um trabalho mais profundo e duradouro com as marcas.

O marketing de influência continuará a crescer no futuro e os Youtubers e Influencers devem estar preparados para enfrentar as mudanças que virão. Mantendo-se atualizados com as tendências de consumo, diversificando seus canais de comunicação, investindo em conteúdo de qualidade, fortalecendo sua marca pessoal e buscando parcerias mais estratégicas, eles podem garantir seu sucesso no mercado de influência. Além disso, é importante que eles estejam sempre abertos a aprender e se adaptar às mudanças, pois o marketing de influência está em constante evolução e quem não se adapta fica para trás. É necessário também que eles sejam transparentes e honestos com seu público e suas parcerias, mantendo a ética e a integridade em seu trabalho como influenciadores.

Outra tendência importante do marketing de influência é a utilização de novas tecnologias, como a inteligência artificial e a realidade virtual. Os Youtubers e Influencers devem estar atentos a essas novidades e se adaptarem a elas, incorporando-as em seu trabalho de forma criativa e inovadora.

Por fim, é importante ressaltar que o sucesso no marketing de influência depende não apenas do número de seguidores, mas também da qualidade do trabalho do influenciador e do engajamento de seu público. Por isso, é fundamental que os Youtubers e Influencers construam um relacionamento sólido e de confiança com seus seguidores, interagindo com eles de forma autêntica e verdadeira.

Em resumo, para se preparar para o futuro do marketing de influência, os Youtubers e Influencers devem estar atualizados com as tendências de consumo, diversificar seus canais de comunicação, investir em conteúdo de qualidade, fortalecer sua marca pessoal, buscar parcerias mais estratégicas e estar abertos às novas tecnologias. Além disso, é fundamental que eles construam um relacionamento sólido e autêntico com seus seguidores e sejam transparentes e éticos em seu trabalho como influenciadores.